La Luna

por Marc Singer

Contenido

Harcourt
Orlando Boston Dallas Chicago San Diego
www.harcourtschool.com

Domingo	Lunes	Martes	Miércoles	Jueves	Viernes	Sábado
	1	2	3	4	5	6
7	8	9	10	11	12	13
14	15	16	17	18		
21	22	23	24	25		
28	29	30	31			

Se acaba de poner el Sol. Miras hacia el cielo nocturno. La Luna aparece. Se ve como un gran círculo blanco. Es una luna llena. Marcas en tu calendario noche 1.

La Luna tiene colinas y lugares planos al igual que la Tierra. Vemos las sombras de las colinas. Algunas personas piensan que ven un rostro. ¿Qué ves tú?

Domingo	Lunes	Martes	Miércoles	Jueves	Viernes	Sábado
	1	2	3	4	5	6
7	8	9	10	11	12	13
14	15	16	17	18		
21	22	23	24	25		
28	29	30	31			

Todas las noches miras hacia el cielo nocturno. La Luna cambia hasta que una mitad está oscura y la otra iluminada. Es un cuarto menguante. Marcas en tu calendario noche 7.

La Luna gira alrededor de la Tierra. Sólo podemos ver uno de sus lados. A veces el Sol ilumina la superficie que vemos. Otras veces está oscura.

Miras hacia el cielo nocturno. No parece que haya una luna en él porque el Sol no la está iluminando. Es una luna nueva. Marcas en tu calendario noche 14.

En la superficie de la Luna hay grandes agujeros redondos llamados cráteres. Algunos de los cráteres tienen nombres. El nombre de este cráter es Copérnico.

Domingo	Lunes	Martes	Miércoles	Jueves	Viernes	Sábado
	1	2	3	4	5	6
7	8	9	10	11	12	13
14	15	16	17	18	19	20
21	22	23	24	25		
28	29	30	31			

Todas las noches miras hacia el cielo nocturno. Una noche ves que la mitad de la Luna está iluminada. Es un cuarto creciente. Marcas en tu calendario noche 21.

Apenas acaba de ponerse el Sol. La Luna está nuevamente completa en el cielo nocturno. En tu calendario marcas día 28. Ahora sabes cómo se ve la Luna desde la Tierra. La mayoría de las personas aprenden sobre la Luna mirando el cielo nocturno.

Sólo unas cuantas personas han aprendido sobre la Luna yendo hasta allá. La Luna está a una gran distancia. Incluso el cohete más veloz necesita varios días para viajar hasta allá. Ésta es una fotografía de la Tierra. La tomó un astronauta desde la Luna.

Glosario

cráter	Un agujero que se hace cuando una gran roca que se mueve en el espacio choca con la luna
cuarto creciente	La Luna cuando está a un cuarto de su recorrido en su órbita alrededor de la Tierra
cuarto menguante	La Luna cuando está a tres cuartos de su recorrido en su órbita
luna llena	La Luna cuando el Sol está brillando en su superficie
luna nueva	La Luna cuando está entre el Sol y la Tierra

Índice